CATALOGUE

D'UNE TRÈS BELLE

COLLECTION D'ESTAMPES

RELATIVES AU SPORT

CHASSES & COURSES

DESSINS

DONT LA VENTE AUX ENCHÈRES PUBLIQUES AURA LIEU

HOTEL DROUOT, SALLE N° 8

Le Mercredi 1er Avril 1885

A DEUX HEURES

<table>
<tr><td>Me P. CHEVALLIER
COMMISSAIRE-PRISEUR
10, rue Grange-Batelière, 10</td><td>M. CLEMENT
M^d d'Estampes à la Bibliothèque nationale
3, rue des Saints-Pères, 3</td></tr>
</table>

EXPOSITION PUBLIQUE : Le Mardi 31 Mars 1885.

DE DEUX HEURES A CINQ HEURES

CONDITIONS DE LA VENTE

Elle sera faite au comptant.

Les acquéreurs payeront en sus des enchères
cinq pour cent, applicables aux frais.

Paris. — Imp. de l'Art. E. Ménard et J. Augry
41, rue de la Victoire, 41

A Collection d'estampes, relatives à la Chasse et aux Courses, que nous mettons en vente a été formée en grande partie en Angleterre à une époque où ces gravures se rencontraient facilement en épreuves anciennes et avec le coloris du temps. Tous les amateurs qui recherchent les pièces de sport savent qu'il n'en est plus de même aujourd'hui.

Pour n'avoir point à répéter à chaque numéro les mêmes indications, nous prévenons ici que toutes les estampes qui figurent dans cette vente sont de premier tirage.

Toutes ces pièces sont encadrées.

DÉSIGNATION

ALKEN

(D'après H.)

1 — *One of the flowers of our hunt.* A highly
cultivated full blown old English Rose. — A.
perfect Pink. — A well grown Sun flower. —
A Jonquille. — A Passion flower. Cinq pièces
gravées par J. Harris, en couleur.

Très belles épreuves

2 — *Ipswich*, Weighing. — *Epsom*, Running.
— *Newmarket*, Training. — *Ascot Heath*,
Preparing to start. Suite de quatre pièces
gravées par Sutherland, en couleur.

Très belles épreuves.

3 — This representation of the last grand steeple
chase, which took place at the hippo-

drome race course Kensington. Planche 1 et planche 2. Deux pièces en couleur gravées par Ch. Hunt.

Très belles épreuves.

ALKEN

(D'après H.)

4 — Grand military steeple chase (Canada, 1843), en couleur.

Superbe épreuve avant toutes lettres.

5 — Mail Coach, gravé en couleur par F. C. L.

Très belle épreuve.

6 — Grouse Shooting, gravé par Charles Hunt, en couleur.

Très belle épreuve.

7 — Accidents de courses. En couleur.

Très belle épreuve.

ALKEN

(D'après H.)

8 — Rather varment, gravé par Ch. Hunt, en couleur.

Très belle épreuve.

9 — The Meet. — Full cry. — All up. — Clearing the gate. — The Brook. — The Leap. Suite de six pièces en couleur dans un même cadre.

Très belles épreuves.

BRUYN

(N. de)

10 — Saint-Hubert, grande estampe en hauteur, datée de 1650.

Superbe épreuve.

CAMPION ET J. F. HERRING

(D'après)

11 — Prix spécial de 5,000 francs, Chantilly, Mai, 1841. — Prix du Jockey Club, 7,000

francs, Chantilly, Mai, 1841. Apprêtant à s'élancer. — Prix du Jockey-Club, 7,000 francs, Chantilly, Mai, 1841. Ils s'élancent. — Prix spécial de 5,000 francs, Chantilly, Mai, 1841. Suite de quatre pièces, en couleur, gravées par Hunt.

Très belles épreuves.

CREPY

(A Paris, chez)

12 — Le Départ de la chasse. Jolie pièce avec costumes Louis XVI et bordure ornementée.

Très belle épreuve.

CRUICKSHANK

13 — A Party of pleasure. — The Comforts of a Carbriolet. Deux pièces en couleur faisant pendants.

Très belles épreuves.

DEAN

(J.)

14 — *Leicestershire.* The first ten minutes. — Shaking of the cocktails. Pièce en couleur.

Très belle épreuve.

DEBUCOURT

(P. L.)

15 — Les Apprêts de la course. Très grande pièce en largeur, d'après C. Vernet.

Superbe et très rare épreuve avant la lettre.

16 — Courses au champ de Mars. Très grande pièce en largeur, d'après C. Vernet.

Très belle épreuve.

17 — La Grande Calèche, d'après C. Vernet.

Très belle épreuve.

18 — Départ pour la chasse, d'après C. Vernet.

Très belle épreuve avant la lettre.

DEBUCOURT ET COQUERET

19 — Le maréchal ferrant français. — Le maréchal ferrant anglais. Deux pièces faisant pendants, d'après C. Vernet.

Très belles épreuves.

DREUX

(ALFRED DE)

20 — Intérieur d'écurie, en couleur.

Belle épreuve.

GALLAYS

(A Paris, chez)

— La famille royalle de France à Meudon. Le retour de chasse de Louis XV au château de Meudon, où se trouve la reine qui présente à Sa Majesté Monseigneur le Dauphin et mes Dames de France, accompagnée de plusieurs princes et princesses de la Cour, du cardinal ministre et du duc de Châtillon, gouverneur de Monseigneur. Pièce très rare et curieuse, en trois planches.

Très belle épreuve.

GÉRICAULT

22 — Cheval hargneux muselé. — Chevaux conduits à la foire, montant une côte. — Deux chevaux de poste à la porte d'une écurie. — Jeune garçon donnant l'avoine dans une musette à un gros cheval dételé. — Le maréchal anglais. — Le maréchal français. Sept pièces.

GOLTZIUS

(HENRI)

23 — Un jeune homme, fils de Théodore Frisius, peintre hollandais, représenté avec un grand chien de chasse et un oiseau de proie sur le poing gauche (B., 190).

Très belle épreuve.

HEATH

(W.)

30

24 — The moors. Deux pièces en couleur, cari-
catures sur la chasse.

Très belles épreuves.

HERRING

(D'après J. F.)

50

25 — J. F. Herring's sen^r fox hunting. The Start.
— The Meet. — The Death. Suite de trois
pièces en couleur, gravées par Harris et
C. Quentery.

Très belles épreuves.

160

26 — *Herring's Fox-Hunting scenes. The Meet.*
— Breaking Cover. — Full cry. — The Death.
Suite de quatre pièces gravées par J. Harris.
En couleur.

Très belles épreuves.

40

27 — The royal mail Coach. Gravé par Huffam.
En couleur.

Très belle épreuve.

HIMELY

28 — Taking the Stag. — Running. — The Return home. Suite de trois pièces en couleur, d'après Davis, Wolstenholme et Hodges.

Très belles épreuves.

HOUSTON

(D'après)

29 — The portraiture of *Dormoule*, cheval de Course célèbre, d'après Spencer. En couleur.

Belle épreuve.

JAZET

30 — Chasse au faisan. — Chasse aux perdrix. — Chasse au lapin. — Chasse aux canards. Suite de quatre pièces, d'après Ledieu, élève d'Horace Vernet.

Très belles épreuves.

31 — Promenade en traîneau à Kratsoë-Selo, d'après Sauerved.

Superbe épreuve avant toutes lettres.

JONES

(J.)

32 — The father of the Turf. Portrait in-folio en manière noire, d'après Wootten.

Superbe épreuve, très rare.

JONES

(D'après S. J. E.)

33 — Stage Coach, gravé en couleur par G. Hunt.

Très belle épreuve.

34 — Horses Going to a fair. — Horses Watering. Deux pièces faisant pendants, gravées par W. Fellows. En couleur.

Très belles épreuves.

LALAISSE

(H.)

35 — Grand steeple-chase (Handicap), à la marche, le dimanche 2 avril 1854. En couleur.

Très belle épreuve.

LAMI

(D'après EUGÈNE.)

36 — Courses de Chantilly, sous le patronage
de son Altesse Royale Monseigneur le duc
d'Orléans. Gravé par Newton fielding. En
couleur.

Très belle épreuve.

37 — La même estampe.

Très belle épreuve.

38 — Les chasses de Fontainebleau, suite de
quatre pièces en couleur.

Très précieuses épreuves gouachées, produisant
l'effet de dessins originaux

MORLAND

(D'après G.)

39 — Partridge Shooting. — Wood Cock et
Pheasant Shooting. Deux pièces en couleur
faisant pendants, gravées par Catton.

Très belles épreuves rares.

MORLAND

(D'après G.)

40 — Innocence Alarm'd. — The sportman's return. Deux pièces faisant pendants, gravées par Ward et Smith.

Très belles épreuves.

41 — The Rabbit Warren. — Sportmen represhing. Deux pièces faisant pendants, gravées par S. Alken.

Très belles épreuves.

42 — The fox in sight. — Entering covers. — The Return. Suite de trois pièces, gravées par J. Wright, en couleur.

Très belles épreuves.

43 — Chasses, suite de quatre pièces en couleur.

Très belles épreuves.

44 — The country butcher, gravé par Gosse, sous la direction de J. R. Smith.

Très belle épreuve.

MORLAND

(D'après G.)

45 — Snippe Shooting, gravé par C. Catton.

Très belle épreuve.

46 — The Horse feeder, par J. R. Smith.

Très belle épreuve.

MORTON

(D'après G.)

47 — The new Steam carriage, gravé par Pyall, en couleur.

Belle épreuve.

MULLINS

(G.)

48 — A Spaniel Dog, gravé en manière noire.

Très belle épreuve.

NEWHOUSE

(D'après)

49 — Opposition Coaches at speed, gravé par
F. Rosenberg. En couleur.

Très belle épreuve.

NEWHOUSE ET REEVE

50 — Repose in the mail. — An indiscret artist.
— One mile from Gretna. — A passing
remark. — A lazy horse keeper for the mail.
— No time to lose Maam! here's the other
coach close behind. — The desappointement
or retrait retrait in a shower, gallantry at a
descount. — A signal of Destress xmas visitor.
A frost, etc. Suite de dix pièces.

Très curieuses sur les diligences, en couleur. Très
belles.

OUDRY

(J. B.)

51 — Le chien braque en arrêt. (R. D., 5.)

Belle épreuve.

OUDRY

(D'après J.-B.)

52 — Chiens et gibier, gravé par Huquier.

Très rare épreuve à l'état d'eau-forte.

PICART

(B.)

53 — L'Art de monter à cheval, ou description du manège moderne, dans sa perfection ;..... écrit et dessiné par le Baron d'Eisenberg, et gravé par B. Picart... Amsterdam et Leipzig, 1759. 1 vol. in-fol. oblong, veau.

POLLARD.

(J.)

54 — His Majesty, reviewing his troops on black Heath, d'après Mason.

Très belle épreuve.

POLLARD

(J.)

55 — Fox hunters Meeting. — A fox chase. —
The fox breaking cover. — Death of the fox.
Suite de quatre pièces en couleur.

Très belles épreuves.

POLLARD

(D'après J.)

56 — Epsom races. Deux pièces faisant pendants,
gravées par Hunt et Pyall, en couleur.

Très belles épreuves.

57 — Epsom races. — Goodwood races. Deux
pièces faisant pendants, gravées par Hunt et
Pyall, en couleur.

Très belles épreuves.

POLLARD

(D'après J.)

58 — *Doncaster races*. — Race for the great Saint-Leger stakes, 1836. Suite de quatre pièces gravées par Harris, en couleur.

Très belles épreuves.

59 — Epsom. — Saddling in the Waren. — The Betting post. — Preparing to start. — The grand stand. — The race over. — Settling day at Tattersall's. Suite de six pièces gravées par Hunt.

Très belles épreuves.

60 — *Epsom*. — Saddling in the Waren. — The grand stand. — The race over. — Settling day at Tattersall's. Quatre pièces gravées par Ch. Hunt, en couleur.

Très belles épreuves.

61 — Chances of the steeple chase. Mr Rice and Red Deer. Gravé par Ch. Hunt, en couleur.

Très belle épreuve.

POLLARD

(D'après J.)

62 — Chances of the steeple chase. Mr Leffert and Grimaldi, en couleur.

Très belle épreuve.

PRINGLE

(D'après H.)

63 — The Review of the Queen's own regiment of yeomanry cavalery, on Kempsey-Ham, gravé par H. Papprill. En couleur.

Très belle épreuve.

REINAGLE

(D'après P.)

64 — Snipe Shooting. — Puffin Shooting. Deux pièces en couleur, gravées par Nichools et Bluck.

Très belles épreuves, Rares.

ROWLANDSON

65 — The disappointed epicures, grande pièce en largeur. En couleur.

Très belle épreuve.

66 — The Brilliants. Grande pièce in-fol. en largeur. En couleur.

Très belle épreuve. Rare.

67 — The Dinner. Grande et belle pièce en couleur.

Très belle épreuve. Très rare.

68 — A Kick-up a Hazard table! Belle pièce en couleur.

Très belle épreuve.

69 — The light horse volunteers of London and Westminster, commanded by col¹. Herries, Véviewed by his Majesty on Wimbledon Common 5th. July, 1798. Pièce en couleur.

Très belle épreuve.

ROWLANDSON

70 — College Jockies, the Landlord Sweating for his Cattle. Pièce en couleur.

Très belle épreuve.

71 — Post-chaise saddle Horses... Pièce en couleur.

Très belle épreuve.

72 — The Attack. — The Pursuit. Deux pièces faisant pendants, en couleur.

Très belles épreuves.

73 — Frog Hunting.

Très belle épreuve. Pièce rare.

74 — Halte de chasseurs. Belle pièce en couleur.

Très belle épreuve.

75 — Combat entre la chevalière d'Éon et M. de Saint-Georges..

Très belle épreuve d'une pièce très rare.

SARTORIUS

(D'après F.)

76 — *Éclipse*, 1770. — *Hambletonian*, 1799. — *Warter*, 1802. — *Champion*, 1802. Suite de quatre portraits de chevaux célèbres ayant remporté les premiers prix pendant les années indiquées ci-dessus. En couleur.

Très belles épreuves. Très rares.

77 — *Bay Malton*, 1794. — *Skyscraper*, 1795. — *Buzzard*, 1795. — *Lurcher*, 1795. Suite de quatre portraits de chevaux de courses ayant remporté les premiers prix les années citées ci-dessus. En couleur.

Très belles épreuves. Rares.

78 — *Escape*. The property of his Royal Highness the Prince of Walles. — *Grey Diomed*. The property of his grace the Duke of Bedford. Deux pièces représentant les portraits de deux chevaux de courses célèbres, publiées en 1792, et gravées par Dodd. En couleur.

Très belles épreuves. Rares.

SHAYER

(W. J.)

79 — *Shayer's english fox hunting*. Drawing. Drawing Cover. — Unkenneling The Check. Trois pièces en couleurs gravées par J. H. Lynch.

> Très belles épreuves.

STUBBS

(G.)

80 — Le Cheval et le Lion. Gravure en manière noire.

> Très belle épreuve avant la lettre.

STUBBS

(D'après G.)

81 — Warren Hasting's Arabian. Gravé par T. Stubbs. En couleur.

> Très belle épreuve.

STUBBS

(D'après G.)

82 — *Éclipse*, 1770. — *Diamond*, 1799. Deux portraits de chevaux célèbres ayant remporté les premiers prix ces deux années. En couleur.

Très belles épreuves. Extrêmement rares.

83 — The spanish Pointer, par W. Woollett. — Chien d'arrêt. Deux pièces faisant pendants.

Très belles épreuves.

TURNER

(D'après F. C.)

84 — September. — October. Deux sujets de chiens de chasse faisant pendants, en couleur.

Très belles épreuves.

VANHECK

(A Paris, chez)

85 — *Versailles.* Promenade du roi Louis XV dans le parc. Dans le fond, la vue du château. Pièce très curieuse pour les costumes, en trois planches.

Belle épreuve. Rare.

VERNET

(D'après C.)

86 — Chasses à courre. Suite de trois pièces gravées en couleurs, par Levachez.

Très belles épreuves.

87 — Le Départ. — La Chasse. — Chasse au tir. — Chasse à l'affût.

Suite de quatre pièces gravées par Jazet.

88 — Le Chasseur au tirer. — Le Retour du chasseur. — Deux pièces faisant pendants, gravées par Debucourt.

Très belles épreuves.

VERNET

(D'après C.)

89 — Le Départ pour la chasse. — L'Affût. Deux pièces faisant pendants, gravées par Jazet.

Très belles épreuves.

90 — Cheval anglais partant pour la course. — Jockey s'apprêtant à monter à cheval. Deux pièces faisant pendants, gravées par J. Marchand.

Belles épreuves avant la lettre.

91 — Le Départ du chasseur, par Coqueret.

Très belle épreuve avant la lettre.

92 — Le Départ. — L'Hallali. — Halte au retour de la chasse. Suite de trois pièces gravées par Jazet.

Très belles épreuves.

93 — Chasse à courre, en couleur.

Très belle épreuve.

VERNET

(D'après C.)

94 — Le Marchand de chevaux normands, gravé par Charon, en couleur.

Très belle épreuve.

95 — Les Apprêts de la course, lithographie en couleur.

Très belle épreuve.

VERNET

(Carle)

96 — Chasse du daim à Verrières, le 29 avril 1819. Le débucher. — La curée du daim au bois de la Malmaison, 2 May 1818. Deux pièces faisant pendants, lithographies originales de C. Vernet, en couleur.

Très belles épreuves.

97 — Une Amazone. — Constance (the property of M. J. G. Schickler). — Cheval anglais au

moment de la course. — Chevaux de carrosse anglais harnachés. Suite de quatre lithographies originales de C. Vernet, en couleur.

Très belles épreuves.

VERNET

(Carle)

98 — Cheval de course anglais. — Cheval de chasse anglais. Deux pièces, lithographies originales de C. Vernet, en couleur.

Très belles épreuves.

99 — Études de chevaux et sujets de chasse. Quinze pièces.

Belles épreuves.

100 — Accidents de courses et de chasse. Trente quatre pièces.

Belles épreuves.

101 — Animaux de chasse, chevaux, etc. Suite de vingt-quatre pièces.

Belles épreuves.

VERNET

(Carle)

102 — Études de chevaux. Onze pièces, coloriées.

Belles épreuves.

VERNET

(H.)

103 — A Stage-Coach. Lithographie originale d'H. Vernet.

Très belle épreuve.

VERNET

(D'après H.)

104 — Le Chasseur à l'affût, par S. W. Reynolds.

Très belle épreuve avant la lettre.

WARD

(J.)

105 — A cottager returnd from Market.

Très belle épreuve.

106 — Lièvre mort suspendu, à côté un chien couché.

Très belle épreuve.

WILLIAMSON

(The captain THOMAS.)

107 — Oriental field sports; being a complete, detailed, and accurate description of the Wild sports of the East; and exhibiting, in a novel and interesting manner, the natural history of the Elephant, the Rhinoceros, the Tiger... The whole interspersed with a variety of original, Authentic, and curious anecdotes... The narrative is divided into forty Heads, forming collectively a complete Work, But so arranged that each part is a detail of one

of the forty coloured engravings with Which the publication is embellished. The whole taken from the manuscript and designs of captain Thomas Williamson.... London. 1819. Un volume in-fol. oblong, demi-rel. Figures en couleur.

Très bel exemplaire de ce livre rare.

WOLSTENHOLME

(D'après D.)

108 — Sujets de chasse. Suite de quatre pièces imprimées en couleur.

Superbes épreuves, très rares.

109 — Sujets de chasse. Suite de quatre sujets très finement imprimés en couleur.

Superbes épreuves, très rares.

110 — *Shooting*. Going out. — Game found. — Dogs brought the Game, et reloading. — Refreshing. Suite de quatre pièces en couleur, gravées par Kimely.

Très belles épreuves.

WOLSTENHOLME

(D'après D.)

111 — *Hunting*. Going out. — Breaking Cover. — Running. — The Death. Suite de quatre pièces en couleur, gravées par Kimely.

Très belles épreuves.

WOUVERMANS

(D'après)

112 — Œuvres de Ph. Wouvermans Hollandois, gravés d'après ses meilleurs tableaux qui sont dans les plus beaux cabinets de Paris et ailleurs, dédiées à son Altesse serenissime Monseigneur le comte de Clermont, prince du sang, par son très humble et très obéissant serviteur J. Moyreau, 1737. Un volume in-fol., demi-rel. marq. rouge.

Superbe exemplaire contenant 92 planches, le portrait de Wouvermans et celui de Moyreau, plus cinq pièces doubles avant les numéros.

WOUVERMANS

(D'après)

113 — Connaissance des chevaux, suivie de l'art de monter à cheval, par M. le chevalier de M***, 1735. 1 vol. in-8°, figures. Manque le titre.

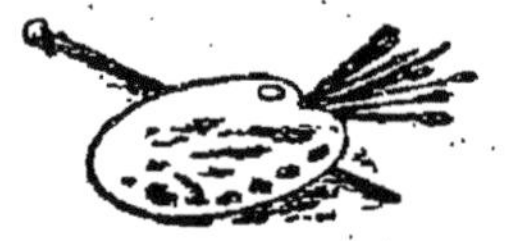

DESSINS

ARNOULD

(CONSTANT)

114. — La Course. — L'Arrêt.

> Deux dessins faisant pendants .
> Aquarelles.

DAGOMMER

115 — Perdrix avec leurs petits. — Les Cygnes
et le renard. — L'Aigle et les lapins. — Chien
et gibier mort. — Renard et sarcelles. —
Chien dévorant un oiseau.

> Six dessins à la plume; pourront être vendus
> séparément.

DELACROIX

(EUGÈNE)

116 — Tête de lion.

Beau dessin au crayon noir et sanguine, rehaussé de blanc.

DUVERGER

(P.)

117 — Le Départ pour la chasse. — L'Hallali du cerf.

Deux beaux dessins faisant pendants, au lavis d'encre de Chine, rehaussés de blanc, sur papier teinté.

JOLLAIN

118 — Desportes (François), peintre, représenté assis au milieu de ses chiens et de gibier mort.

A la sanguine.

DE LARMESSIN

(N.)

119 — Rendez-vous de chasse, le déjeuner du roi.

Au crayon noir et lavis d'encre de Chine, rehaussé de blanc.

LECLERC

(SÉBASTIEN)

120 — Le Manège.

Dessin en forme d'éventail, à la sanguine et lavis de bistre.

OUDRY

(J. B.)

121 — Chien en arrêt.

Au crayon noir, rehaussé de blanc, sur papier bleu.

122 — Une Poule.

Au crayon noir, rehaussé de blanc, sur papier bleu.

OUDRY

(J. B.)

123 — Chasse au cerf dans un parc royal.

A la plume et lavis d'encre de Chine.

PARROCEL

124 — Rendez-vous de chasse.

Au crayon noir et à la plume.

125 — Chasse au lion.

A la sanguine.

PYNACKER

126 — Chasse au cerf.

Dessin au lavis d'encre de Chine.

STRADAN

127 — Chasse au sanglier.

A la plume et lavis de bistre.

www.ingramcontent.com/pod-product-compliance
Ingram Content Group UK Ltd.
Pitfield, Milton Keynes, MK11 3LW, UK
UKHW020041080726
13614UKWH00004B/1895